세상의 작은 시민들

세상으로 첫 발걸음 2 도시에서 배우는 환경 이야기

세상의 작은 시민들

비비안 라마르크 글 | 줄리아 오레키아 그림 | 유연수 옮김

초판 발행 · 2006년 3월 27일 | 초판 2쇄 · 2007년 4월 15일 | 펴낸이 · 손상열 | 펴낸곳 · 여우오줌 출판사 | 출판 등록 ·
2001년 7월 31일(제10-2193호) | 주소 · 서울시 구로구 구로5동 107-8 미주오피스텔 2동 808호 | 전화 · (02) 323-7243 |
전송 · (02) 323-7244 | 전자 우편 · foxshe@hanmail.net | ISBN 89-90031-30-3 77890

Piccoli cittadini del Mondo by Vivian Lamarque, illustrated by Giulia Orecchia
Copyright ⓒ Edizioni EL S.r.l., San Dorligo della Valle, Trieste Italy
All rights reserved.
Korean translation Copyright ⓒ2006 Foxshe Publishing Co.
Korean edition is published by arrangement with Edizioni EL through Corea Literary Agency, Seoul
이 책의 한국어판 저작권은 Corea 에이전시를 통한 Edizioni EL와의 독점계약으로 여우오줌 출판사에 있습니다. 신저작권법에 의해
한국 내에서 보호를 받는 저작물이므로 무단 전재와 복제를 금합니다.

도시에서 배우는 환경 이야기

세상으로  첫 발걸음 2

세상의 작은 시민들

비비안 라마르크 글
줄리아 오레키아 그림 · 유연수 옮김

여우오줌

이 책을 읽는 어린이 여러분. 어린이 여러분은 지금 가족과 함께 살고 있는 집이 단 하나뿐이라고 믿고 있을 것입니다. 하지만 그렇지 않습니다. 여러분은 또 다른 집을 갖고 있답니다.

그 집이 바다에 있을까요?

아니요, 훨씬 더 큽니다.

그 집이 산에 있을까요?

아니요, 훨씬 더 큽니다.

그 집이 들판에 있을까요?

아니요, 그것보다 훨씬 더 큽니다. 수많은 바다, 수많은 산, 수많은 들판을 합한 것만큼이나 크답니다.

그것은 어떤 집일까요?

네, 그렇습니다. '세상'은 바로 우리 모든 사람들의 집입니다. 그것은 또한 어린이 여러분의 집이기도 하답니다. 세상은 우리의 첫 번째 집입니다. 두 번째 집은 우리가 가족과 함께 살고 있는 집입니다. 가난한 사람들은 두 번째 집을 갖고 있지 않기도 합니다. 하지만 우리 모두는 세상에 살고 있습니다.

세상은 바로 어린이 여러분의 집입니다.
어린이 여러분이 세상을 잘 보호하고 가꾸면, 아주 살기 좋고 아름다운 집이 될 것입니다.

하지만 어린이 여러분이 세상을 더럽히고 망가뜨리면, 아주 불편하고 더러운 집이 될 것입니다.

마루

　여러분이 잠자는 집과 모든 사람들의 집인 세상은 서로 닮은 점이 참 많습니다. 어떤 점이 닮았는지 우리 모두 이름을 부르면서 몇 가지만 비교해 볼까요?
　예를 들어, 여러분이 살고 있는 집 안에서, 이 방에서 저 방으로 옮겨 다니고 가족이 모여 과일을 나누어 먹으면서 이야기를 나누는 곳을 '마루'라고 부릅니다.

모든 사람들의 집인 세상에서는 그것을 마루 대신
'길'이라고 부릅니다. 이름은 서로 다르지만, 마루와 길은
똑같이 깨끗해야 합니다. 왜냐하면 깨끗한 곳을
걸어다니면 기분이 좋아지기 때문이에요. 어린이 여러분도
깨끗한 곳을 좋아하지요?

예를 들어, 여러분이 자기 방에서 나와 안방으로 가려고 마루를 걷다가 강아지가 싼 똥을 보았다면 기분이 어떻겠어요?

또 흘린 음료수나 우유병, 담배 꽁초나 과자 봉지, 기차표, 바나나 껍질, 구겨진 광고지, 찢어진 우산, 병뚜껑, 상자, 날짜가 지난 신문, 먹다 만 사과, 아이스크림통, 망가진 전등, 껌, 물건을 산 영수증, 상점 쿠폰, 얼음, 젓가락, 걸레, 음식 찌꺼기 등 여러 가지가 어지럽게 널려 있다면 어떻게 하겠습니까?

집 안에 쓰레기가 쌓이도록 내버려 두면 절대로 안 됩니다.
여러분은 왜 마루를 깨끗이 해야 하는지 가끔 생각해야 합니다.

세상에 있는 많은 나라 가운데 몇몇 나라에서는, 세상이 모든 사람들의 집이고 세상의 길이 곧 자기 집 안에 있는 마루와 같다는 것을 잘 알고 있습니다. 그 나라의 길은 동화책에 나오는 길처럼 반짝반짝 빛이 나고 깨끗합니다.

재미있는 만화책이나 동화책에 나오는 작고 예쁜 길처럼요?

네, 바로 그렇습니다. 어느 누구도 길에 함부로 쓰레기를 버리지 않습니다. 길이 정말 깨끗해서 집 안에 있는 마루 같답니다. 거짓말처럼 들리나요?

그럼, 길에 카펫이 깔려 있을까요?

물론이죠. 어떤 나라에서는 크리스마스 축제 동안 길에 카펫을 깔아 놓기도 합니다. 빨간색의 부드러운 카펫은 사람들이 그 길을 걸을 때 기쁨과 활기에 넘치도록 만든답니다. 또 집집마다 수많은 아름다운 꽃으로 창가를 장식하기도 하지요.

여러분은 병원 창문에도 예쁜 꽃들이 있어야 한다고 생각하지 않나요? 환자들에게 기쁨과 희망을 주기 위해서 말이에요.

여러분은 집으로 돌아왔을 때 먼저 마루를
살펴보겠지요? 그리고 누군가 바닥에 무엇을 버렸다면
그것을 주울 거예요.

그래요. 우리는 집 밖에서도 똑같이 행동해야 합니다.
누군가 자동차 안에서 창 밖으로 담배 꽁초를 버리는 것을
보았다면 그 사람에게 그렇게 하지 말라고 친절하게
충고해야 합니다. 그러면 그 사람은 잠시 얼굴을
붉히겠지만, 다음부터는 그런 행동을 하지 않을 거예요.

우리 모두의 집인 세상이
　　어떻게 해야 깨끗해질지
　　함께 생각해 볼까요?

　정원이나 발코니가 있는 집에 사는 사람이라면 잘 알 거예요. 나무 아래 누워 쉬면서 책을 읽거나, 친구들과 이야기를 나누는 것이 얼마나 행복한 일인지 말이에요. 그 누구도 자기의 아름다운 정원이 더러운 쓰레기통으로 변하는 것을 바라지 않겠지요?
　세상이 더러운 것은 바로 이 세상이 우리 모두의 집이라는 것을 모르는 사람들 때문입니다. 그런 사람들은 숲이나 들판, 공원을 쓰레기통으로 생각하니까요.

맑고 화창한 날, 넓은 풀밭으로 소풍 가서 점심 도시락을 먹으려고 앉았습니다. 맛있게 밥을 먹고 나서, 들판이 자기 집이라는 것을 아는 사람은 집에서 하는 것처럼 먹고 남은 음식을 깨끗이 정리해서 싸 가지고 돌아갑니다. 하지만 들판이 자기 집이라는 것을 모르는 사람은 먹고 남은 음식 찌꺼기를 그곳에 버리고 돌아갑니다. 음식물 쓰레기, 휴지, 플라스틱 용기 따위를요. 여름철에 주룩주룩 내리는 장맛비도 이런 쓰레기들을 없애지 못할 거예요. 그 다음에 소풍 온 다른 사람들은 그곳을 들판이 아니라 쓰레기장인 줄 알 것입니다.

　때로는 숲에 버려진 비닐 봉지나 플라스틱 조각을 먹은 동물들이 숨을 쉬지 못해서 목숨을 잃기도 합니다. 한 번은 달팽이가 사람이 씹다 버린 껌에 몸이 철썩 달라붙어서 빠져나오지 못하고 허우적거리는 모습을 본 적이 있습니다. 또 물고기들이 호수나 강, 바다에 버려진 쓰레기를 먹고는 숨이 막힌 일도 있었고요, 독이 든 쓰레기 때문에 목숨을 잃은 일도 있었답니다.

　언젠가 나는 작은 호수에 간 적이 있었어요. 그 호수는 무척 더러웠어요. 비누 거품을 잔뜩 풀어 놓은 목욕통 같았답니다.

 또 언젠가는 강에 간 적이 있었어요. 그 강도 무척 더러웠어요. 강물에서는 썩은 냄새가 풀풀 났고, 헤엄치며 놀아야 할 물고기들이 물 위에 둥둥 떠 숨을 헐떡이면서 세상을 떠날 때만 기다리고 있었습니다.

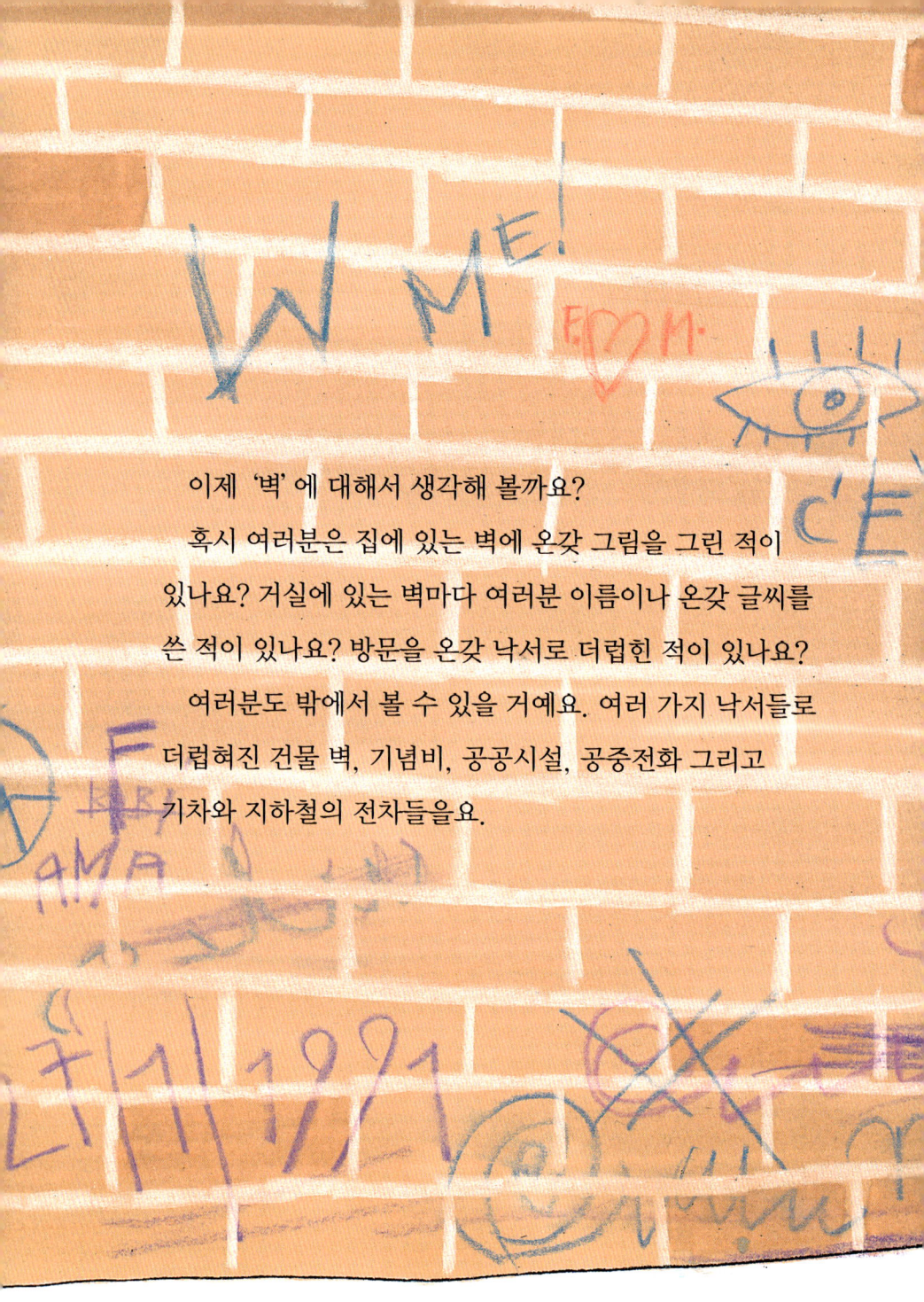

이제 '벽'에 대해서 생각해 볼까요?

혹시 여러분은 집에 있는 벽에 온갖 그림을 그린 적이 있나요? 거실에 있는 벽마다 여러분 이름이나 온갖 글씨를 쓴 적이 있나요? 방문을 온갖 낙서로 더럽힌 적이 있나요?

여러분도 밖에서 볼 수 있을 거예요. 여러 가지 낙서들로 더럽혀진 건물 벽, 기념비, 공공시설, 공중전화 그리고 기차와 지하철의 전차들을요.

학교 화장실 문에도
이상한 낙서가 가득합니다.

기분 나쁜 일이 생겼다고 화가 나 집에 와서 의자를 부수면 될까요?

안 돼요!

　축구나 야구 경기가 끝난 뒤, 좋아하는 팀이 졌다고 고함치면서 거리에 있는 의자나 공중전화 박스 같은 것들을 부수는 장면을 머릿속에 그려보세요. 또 길 가는 사람들에게 고함치는 장면을 떠올려 보세요. 우리나라 사람들이 세상에서 가장 시끄럽다는 것을 여러분은 알고 있나요?

　밖에서 들려오는 사람들의 말소리에 귀를 기울여 보세요. 많은 사람들은 다른 사람을 방해하지 않으려고 작은 목소리로 말합니다. 누군가 음식점이나 기차, 길거리나 바닷가에서 큰 소리로 떠들 때, 다른 사람들이 "저 사람 좀 봐요" 하고 수근거리는 소리가 들리나요?

　기차를 타고 여행할 때, 사람들은 대부분 조용히 앉아 책을 읽거나 잠을 자거나 창밖을 바라봅니다. 하지만 기차 안이 자기네 집 안방인 것처럼 커다란 목소리로 전화를 하면서 떠드는 사람도 있습니다. 그럴 때 우리가 어떻게 해야 그런 소리를 안 들을 수 있는지 알고 있나요?

　그래요. 커다란 목소리로 전화 통화를 하는 그 사람에게 이렇게 말해 주세요.

"사람들 모두가 당신 얘기를 듣고 있어요!"

세상은 우리 모두의 집입니다. 그래서 우리는 우리 집을 찾아온 사람들을 환영해야 하고, 그들의 마음을 존중해야 합니다.

이웃들에게도 가족을 대하는 것처럼 늘 친절해야
합니다. 어린이 여러분은 학교에서 '세상은 식물과 동물의
아름다운 집'이라는 것을 배울 겁니다. 이 세상에는
사람들과 동물들 그리고 식물들이 함께 살고 있습니다.
자연의 친구들과 우리 모두는 단 하나뿐인 아름다운
'지구'라는 집에서 함께 살고 있습니다. 이런 우리 모두의
집은 여러 가지 색깔을 가지고 있습니다. 여러 가지 색깔의
꽃들과 여러 가지 색깔의 동물들 그리고 여러 가지 색깔의
사람들처럼 말입니다.

우리는 자연의 친구들을 가족처럼 존중해야 합니다.
꽃들은 우리에게 아름다운 모습과 달콤한 향기를 선물합니다.
　이런 꽃을 꺾으면 좋을까요?
　이런 꽃을 밟으면 좋을까요?
　우리는 꽃들을 소중하게 여겨야 합니다.

나무들도 우리에게는 다정한 친구입니다. 나무는 시원한 그늘과 꽃, 열매, 맑은 공기를 선물로 줍니다. 사람의 손가락처럼 뻗은 수많은 뿌리들이 땅속의 흙을 보듬어 안고 있습니다. 뿌리는 땅과 하나가 되어 산사태가 일어나는 것을 막아 줍니다. 나뭇가지도 꺾으면 절대로 안 됩니다. 산책하면서 나뭇잎을 떼어서 여기저기에 버려서도 안 됩니다. 나뭇잎과 나뭇가지도 나무의 몸이니까요.

나무줄기에 글씨를 쓰거나 그림을 그리거나 하면 안 되는 것 알지요?

그럼요. 나무껍질은 바로 나무의 피부니까요.

집 안 화분에 심은 식물들도 우리의 친구입니다. 우리가 덥거나, 춥거나, 목이 마른 것처럼 식물들도 마찬가지입니다. 그런 식물들이 집 안 한구석에서 먼지를 뒤집어쓴 채 사람들에게 잊혀진다면 어떻게 될까요? 그런 식물들은 숨을 제대로 쉴 수 없고 잘 자랄 수도 없답니다.

어떤 사람은 화분을 재떨이로 생각하고 담배 꽁초를 버리기도 합니다. 그러면 어디선가 식물의 초록색 목소리가 들려올 거예요.

"이렇게 하면 너무 아파요!"

애완동물을 괴롭히면 어떻게 될까요? 동물들도 우리가 알지 못하는 목소리로, "아파요, 아파!" 하고 비명을 지릅니다. 어떤 장난꾸러기는 그것도 모르고 도마뱀의 꼬리를 잘라 내기도 한답니다. 도마뱀이 아프다고 울부짖는 것도 모르고 말이에요. 또 어떤 아이는 게의 다리들을 모두 떼어 내고는 물통에 휙 던져 버리기도 해요. 어린이 여러분, 이러면 절대로 안 돼요. 알았죠?

"아파요, 아파!"

우리에 갇힌 동물들은 어떨까요?

 그 동물들은 모든 동물들 가운데에서 가장 불행합니다. 만약 여러분이 자기 키보다 높은 우리에 갇혀서 한평생을 지낸다고 생각해 보세요. 얼마나 답답할까요?
 나는 우리에 갇혀 날개를 펴지도 못하는 털 빠진 암탉을, 돌아다닐 수도 없는 가여운 토끼를, 한쪽 구석에 틀어박혀 있는 불쌍한 강아지를 본 적이 있답니다.

우리 모두가 하나의 커다란 가족이라면, 우리는 서로가 서로를 존중해야 합니다. 건강하게 지낼 수 있게 도와야 합니다. 서로 존중하고 돕지 않으면 우리가 사는 세상은 병이 듭니다. 그럼 세상에 살고 있는 우리들도 병들게 됩니다. 병은 전염되기 쉬우니까요.

세상에는 실천하기 어려운 일들도 많이 있습니다.
하지만 그것들을 바로잡고 정리하고 정돈해야 합니다.

어떻게 하면 되나요?

어떤 일이 잘 되지 않을 때, 여러분은 집에서 어떻게 하나요?

그럴 땐 엄마와 아빠에게 도와 달라고 말합니다!

모든 도시에는 그 도시 사람들이 뽑은 '시장'이 있습니다. 도시가 집이라면 시장님은 부모님이랍니다. 엄마, 아빠와 같은 시장님에게 잘 실천되지 않는 것들을 알려야 합니다.

너무나 아름다운 세상입니다! 빗방울이 세상을 흠뻑 적시고 먼지를 깨끗이 씻어 내면 햇볕은 세상을 뽀송뽀송하게 말려 줍니다. 그리고 해님은 세상을 금빛으로 찬란하게 비추어 줍니다. 달님도 은처럼 은은한 달빛을 솔솔 뿌려 줍니다. 밤하늘에 떠 있는 별님도 초롱초롱 별빛을 반짝거리지요.

우리는 정말 훌륭한 집을 갖고 있습니다. 그래서 우리 모두의 집인 이 세상이 너무너무 아름다운 거예요!

어린이 여러분, 이제 우리가 사는 이 세상을
왜 아끼고 사랑해야 하는지 알았죠?

여러분은 우리 모두의 집인 세상이
어떤 모습이기를 바라나요?
그 모습을 그림으로 그려 볼래요?